NOTICES

SUR

LA FAMILLE

DE MURALT

PAR

R. A. DE MURALT

PARIS
IMPRIMERIE CENTRALE DES CHEMINS DE FER
A. CHAIX ET Cie
RUE BERGÈRE, 20, PRÈS DU BOULEVARD MONTMARTRE
1879

NOTICES

SUR

LA FAMILLE

DE MURALT

L'histoire de la famille de Muralt se divise en deux parties bien distinctes, dont la première, se basant sur une tradition, remonte jusqu'à l'époque de Charlemagne, tandis que la seconde s'appuie sur des documents historiques et commence avec Frédéric Barberousse.

Nous remarquons tout d'abord que le récit de l'origine traditionnelle de la famille ne nous paraît pas être autre chose qu'une de ces nombreuses légendes du xiv° et xv° siècle, et que le manuscrit qui la raconte n'a été composé qu'après coup, pour lui servir de base.

ORIGINE TRADITIONNELLE.

Le plus ancien récit de cette origine se trouve dans la chronique latine, écrite en lettres gothiques, qui fait partie des archives de la famille à Locarno. Voici son contenu :

« Au nom de celui qui fait l'Univers. »

« En CIOXXI, lorsque le roi Louis régnait en France, (1) » Robert de Clermont, (2) comte (3) en Lorraine, fit recevoir

---

(1) Ne pourrait-on pas lire CMLI, ce qui mettrait la chronique d'accord avec l'époque du règne de Louis IV (936-954) ?
Crescenzio. Anfiteatro romano 1640, dit p. 201 : Roberto Re di Francia, (qui régnait de 996-1031) d'après Stefano Marin : Beccaria regentis immago, p. 153. (Où est cet ouvrage ?)

(2) Clermont-en-Argonne, dans l'ancien duché de Lorraine, ville de frontière contre l'Allemagne, quand Charles-le-Simple eut été battu à Worms en 921 par les alliés du roi d'Allemagne, Henri I.

(3) *Ballarini, Compendio della cronica della citta di Como* (1619) dit : p. 243, *Nobilissimo cavagliere della corte reale.*

» chevalier ses trois fils, dont l'aîné s'appelait Aurélius, que
» les Italiens nommèrent Orelli ou Orellio, le second Lan-
» dolpho et le troisième Vivianus. Mais quand Vivianus eut
» séduit une princesse de sang royal, dont il eut un fils,
» nommé Albert; le roi ordonna à un chevalier lorrain de le
» tuer. Celui-ci ayant attaqué Vivianus dans la forêt où il
» chassait, ce fut Vivianus qui le tua, quoiqu'il fût sans armes,
» et que l'autre était armé. C'est pourquoi Vivianus s'enfuit
» à Mayence chez Conrad, comte de cette ville, où il se dis-
» tingua au point que le comte le nomma maréchal et grand-
» maître de sa cour. (1) Vivianus se voyant si bien en cour,
» persuada, pour se venger, le comte et les ducs de Bavière
» et de Saxe de déclarer la guerre au roi de France. Et lors-
» que leur armée fut prête, ils mirent Vivianus à sa tête et
» attaquèrent le roi de France. A cette nouvelle, le roi or-
» donna de tuer Robert avec Landolphe et Aurélius. Robert
» en ayant eu connaissance, s'enfuit de nuit avec Landolphe
» et Aurélius et trente-six cavaliers pour aller en Lombardie.(2)

---

(1) *Continuatio regionis, Liudprand, Widekind*, etc., disent :

« Les deux ducs de Lorraine, Eberhardt et Gisilbert, s'insurgèrent en 939 contre Othon I, et appelèrent le roi de France à leur secours. Othon I (auparavant duc de Saxe) les fit attaquer par son frère Henri et par Berthold, duc de Bavière, qui les battirent entre Xanten et Rheinsberg, et rejetèrent Louis IV jusqu'à Breisach. Conrad de Souabe et son frère Hugues poursuivirent les ducs de Lorraine jusqu'à Andernach. Eberhard y fut tué et Gisilbert se noya dans le Rhin. Breisach se rendit, et la Lorraine vint à Othon I, qui la donna à son gendre Conrad de Franconie, *ainsi que Mayence*, dont l'archevêque s'était joint au roi Louis IV.

(2) *Crescenzio*, p. 204, ajoute d'après Stefanus Martin : « Pour se réfugier auprès de leurs parents, les comtes d'Angier, et que *Galvagno della Fiamma* (mort en 1343; sa chronique va jusqu'à 1216) « disait que les capitanées de Sondrio et ceux de Locarno tenaient « des fiefs des comtes d'Angier. »

Bernardo Corio (mort en 1509) *Historia milanese* (écrite en 1480 va jusqu'à 1402) t. I, p. 7, dit : « Que les armoiries des comtes d'An-
» gier passèrent aux capitaines de Locarno et de Sondrio. »

Ces armoiries que la branche zurichoise porte encore au complet au 3me quartier de leurs armes écartelées sont : les figures d'échecs rouges sur un échiquier noir et blanc. Les anciennes armoiries de la famille sur l'autel de l'église Saint-Victor à Muralto ne portent que le cimier de ces armes : la Reine d'échecs. La Reine d'échecs de la branche de Locarno tient dans la main droite la tour des Muralto, dans la gauche une lance. Les Muralt de Berne et de Zurich y ont

» Arrivé au Rhin, Robert mourut de chagrin, de vieillesse et
» de maladie. Landolphe et Aurélius passèrent le fleuve et
» arrivèrent à Bellinzona en treize jours, où ils restèrent deux
» mois craignant d'aller à Milan. Là ils se lièrent d'amitié
» avec plusieurs nobles seigneurs de Locarno, qui demeuraient
» à Bellinzona, et ceux-ci engagèrent Landolphe et Aurélius
» à se fixer à Locarno. Ils achetèrent donc à Locarno de
» grandes propriétés et y passèrent le reste de leur vie. (1)
» En CIƆXXXIII (2) Vivianus ayant appris par un prêtre ve-
» nant de Rome que ses frères habitaient Locarno, il résolut
» de se fixer auprès d'eux. (3) Pendant qu'ils y demeurèrent
» ensemble ils firent un partage de leurs biens, et Landolphe
» y bâtit un château entouré de hautes murailles, qui s'éle-
» vait par dessus les autres palais. (4)

---

ajouté le bouclier avec les armes de Clermont, qui portent sur fond de gueule un soleil d'or se levant sur des montagnes d'argent. La branche de Zurich a les armes Clermont; en outre, au 1er et 4me quartier de leurs armes écartelées, et au 2me, sur fond d'azur, la Reine d'échecs, le tout chargé en cœur des armes Muralt.

(1) Locarno était un domaine royal. Louis II fit don en 870 à son épouse Angilberge d'une partie de ce domaine. (Muratori I, 467; II 119-212). Louis III en 878, Louis l'Aveugle en 901 et Otton III en 988, ne donnèrent aux évêques de Come que l'immunité des couvents, des hôpitaux et des églises de Locarno et du comté de Bellinzona, et la promesse de ne pas les soumettre aux juges royaux. (Ughello V, 273, 278).

(2) Ne peut-on pas lire CMXLIII?

(3) Vivianus épousa à Pallanza une noble demoiselle dont il eut un fils qui fut l'aïeul des Viani à Pallanza. Ses armes se trouvent dans l'église collégiale à Pallanza. (Vagliano del Verbano, p. 180. Milano 1710).

(4) Les restes de ce château s'étendent du point culminant de Muralto (bourg séparé de Locarno par le torrent Romagna) jusqu'au bord du lac Majeur. Au dessus des portes d'entrée de la partie la plus haute, qui était habitée en 1866 par la famille Nicoladone, on voit les armes de la famille de Muralt. Dans la cour de cette partie du château il existe encore une colonne qui pourrait bien dater du Xme siècle, et le buste en marbre de l'empereur Frédéric I, fixé dans la paroi d'une pièce au rez-de-chaussée. L'église collégiale de Saint-Victor est tout près. C'est là que les habitants des vallées d'alentour, qui forment aujourd'hui soixante-huit paroisses, étaient baptisés et enterrés. (Nessi, 15-24). Il y a un autel souterrain sous le maître-autel, signe distinctif des églises métropolitaines. A droite de l'entrée principale se trouve l'autel de la famille en marbre noir,

» Lorsqu'en CIƆXLI (1) Othon, le roi d'Allemagne, vint en
» Italie pour se faire couronner empereur à Rome, il voulut
» visiter son domaine de Locarno. Landolphe, Aurèle et Vivien
» (que l'on nomma plus tard Magontius à cause des dignités
» qu'il avait eues à Mayence) allèrent alors à Bellinzona, pour
» y chercher l'Empereur et l'accompagnèrent à Locarno.

» Il logea dans le palais de Landophe pendant un mois, y
» tint un lit de justice et combla les trois frères d'honneurs.
» Une grande quantité de nobles lombards vinrent faire leur
» cour à l'empereur, et il y en avait beaucoup qui deman-
» daient : Où est le palais de l'empereur, car nous voulons y
» aller? Et les Locarnais répondaient : Vous voyez ces murs
» qui s'élèvent au dessus des autres palais; c'est là que se
» trouve la cour impériale. C'est de ce palais élevé que les
» descendants de Landolphe furent appelés *de Muralto* ; ceux
» d'Aurèle furent nommés *de Orellio* et ceux de Magontius
» *Magoria*. A son départ l'empereur donna aux trois frères
» son domaine de Locarno avec toute sa juridiction et demanda
» en retour à Magontius de permettre à son fils Albert, qu'il
» légitima, de l'accompagner. C'est alors qu'Albert demanda
» à son père de faire don à l'empereur d'une des reliques de
» Roland (2) qu'Aurèle et Landolphe avaient emportées de

---

où deux chanoines lisent deux messes par semaine pour le repos de
l'âme des membres de la famille. Une de ces places de chanoine
revient à un Muralt, l'autre à un Orelli. Sur le milieu de l'autel se
trouvent les armes de la famille (avec les fleurs-de-lys d'or) ; l'autel
même est décoré d'ustensiles d'or et d'argent; les chasubles sont
aux armes de la famille. Le caveau de la famille, tout près de cet
autel, est recouvert d'une dalle portant l'inscription : *Sepulchro
Muraltorum*. La maison qui appartient aujourd'hui à la corporation
des Nobles, où se trouve leur archive, est située dans la partie la
plus élevée de Locarno.

(1) Ne peut-on pas lire CMLXI? Othon Ier vint en automne de
l'année 961 d'Insbruck à Pavie et à Milan par la route de Trente.
Walpert, archevêque de Milan, l'y couronna de la couronne de fer
en février 962, après que les évêques eurent détrôné Bérenger.
(Liudprand : *Histoire d'Othon)*.

(2) *Guler Rhätiac* (Zürich 1616) dit p. 179ᵃ que le dernier rejeton
des Cattanées de la Valtelline avait encore possédé de 1430-1447
l'échiquier de Roland, et que les communes autour du Mont-Mas-
segra avaient été convoquées au son du cor de Roland. Les Beccaria et les Parabelli de Milan qui descendent par les femmes des
Cattanées de Sondrio portent dans leurs armoiries encore l'échiquier

» France, étant issus du comte Roland (1); mais au lieu de
» les donner à l'empereur, Albert les garda pour lui-même.
» L'empereur arrivé à Milan y tint un grand tournoi où Albert
» fut vainqueur l'empereur l'en récompensa en lui donnant
» tous les péages et tous les domaines qu'il avait dans la
» Valtelline et en le nommant *Cattaneus*, ce qui fit que tous
» ses descendants s'appelèrent Cattanées. Et pour perpétuer la
» mémoire de ce tournoi, l'empereur ordonna qu'Albert et ses
» descendants auraient à donner dorénavant aux descendants
» de ses frères : deux épées et une lance. C'est donc de cet
» Albert que descendent les Cattanées de la Valtelline (2).

Voici la chronique sur laquelle seule se basent toutes les traditions de cette origine.

---

et les pointes de lance. *(Gruner*, manuscrit, page 21 Petites archives de Berne n° 23.)

(1) Roland, comte des Cœnomans (BELLEFOREST, *Hist. Carolis Magni*) était le second fils de Berthe, sœur de Charlemagne, qui avait pour mari Milo, comte d'Andegaria (Angier) capitale d'une peuplade de la Gaule celtique (Michelet, *Hist. romaine*, I, p. 137), son fils ainé Alion aurait été père d'un Vivianus, comte de Clermont (Familia excellentium in Gallia, Wilh. Imhoof Novimberg, 1687, p. 275) peut-être grand-père des trois frères.

(2) Les descendants de Raimond de Capitanei (1219) se nommèrent Cattanei di Scalve ; les autres Cattanei di Sondrio. Le dernier rejeton, Antonio Francesco mort en 1450, n'eut que deux filles, dont l'une Tommasina épousa Nicoli Planta et l'autre, Giacobina, le marquis Antonio Beccaria *(Crescentius, p. 202)*. Le titre *Cattaneus, capitaneus*, synonyme à celui de *Valvassor majoris* employé auparavant, apparaît en Italie du Xe au XVIe siècle. Il revenait aux *Dynastes* qui avaient été investis *par le roi, ou par un prince séculier ou ecclésiastique, d'une paroisse ou de la part d'une paroisse* (del plebe vel plebe parte). Les Cattanei tenaient le rang qui revenait en Allemagne *aux barons de l'empire*, c'est-à-dire, immédiatement après les comtes, et ils formaient avec les princes et les comtes la classe de la *haute noblesse*, ou celle des *seigneurs. (Milites primi ordinis).* Ils avaient le droit de déployer leur bannière en campagne. — La seconde classe se composait de la *petite noblesse* ou celle des *chevaliers* (valvassores minores, valvassini), c'est-à-dire, de chevaliers ou de nobles qui avaient reçu leurs fiefs des Capitanei. — La troisième classe était celle des *bourgeois*, proprement dit (cives, viri populares) des gens libres, qui ne possédaient aucun fief. — La quatrième classe enfin était celle des *serfs* (vulgi homines servilis conditionis). (Recueil de différents auteurs, Petites archives de Berne n° 42.)

Passons maintenant à

L'ORIGINE HISTORIQUE

Le plus ancien document regardant la famille est de l'empereur Frédéric I (1). Il est daté :
« Abbatia Dyssertimensis VIIII die mensis Octobris. »
Pas d'année d'indiquée, pas de signature, pas de sceau (2). Par ce privilège l'empereur autorise « ses fidèles seigneurs
« (fidelibus Dominis) et capitanées de Locarno d'y tenir un
» marché le troisième jour de chaque mois, à charge de pour-
» voir à la sécurité des personnes et marchandises (à l'ex-
» ception des voleurs et malfaiteurs) quatre jours avant et trois
» jours après ce marché. Il leur donne le droit de juger les
» affaires de dette, et de prélever deux deniers de chaque
» marchand, de chaque bateau et de chaque tonneau, tout en
» réservant la juridiction des seigneurs de Castelliotis (3) ».
Le document qui suit a été donné à la famille par l'empereur Frédéric Ier à « Abiascum in territorio Cumano » en date du 27 juin 1186. Par ce privilège l'Empereur « affranchit
» ses féaux (fidelium hominum nostrorum) de la paroisse de
» Locarno, de toute corvée et de toute autre juridiction que
» de la sienne, ou de celle de son fils Henri, ou de celle de
» ses envoyés extraordinaires (certis nuntiis) contre une amende
» de 40 livres d'or. » Ce document, qui est signé par plusieurs témoins et scellé du sceau impérial, porte toutes les

---

(1) Reg. 1. Zürich n° 5.

(2) Il y a quatre trous dans le parchemin auquel pendait le sceau impérial, au dire de Fabbio Orelli (Petites archives, Berne 126). En 1847 ce sceau n'existait plus et l'on dit à M. Bernhard de Muralt qu'il avait été vendu au grand-duc Constantin.

(3) L'authenticité de ce privilège est sujette à caution. Il ne pourrait être que de 1164, Frédéric ayant quitté Pavie le 26 septembre 1164 pour retourner en Allemagne. Le 5 octobre il était à Belforte sur l'Albula et le 9 octobre à l'abbaye de Dyssentis (Raumer). Peut-être que quelques membres de la famille l'accompagnaient, sans quoi l'empereur n'aurait guère pensé aux Locarnais, qui ne se trouvaient pas sur son chemin. Il est aussi très extraordinaire que le titre *capitaneus* que l'empereur leur aurait donné dans ce document ne reparût plus dans le privilège suivant. Cependant il est incontestable qu'ils possédaient le droit de tenir un marché (Nessi, p. 85) et celui d'en élire les juges (Berne ch. XIV, 25); il se pourrait donc bien que ce document eût été forgé pour en établir solidement la validité.

traces d'une authenticité incontestable (1). Il est d'une grande valeur pour la famille puisque *en l'affranchissant de toute autre juridiction que celle de l'Empereur, elle ne relève plus qu'immédiatement de l'Empire.*

Vingt-quatre ans se passent sans que nous apprenions quelque chose sur la famille. Pendant ce temps sa puissance a grandi, pas sans opposition, peut-être, mais définitivement, comme en fait foi le privilège de l'empereur Othon IV, daté de Milan, le 19 avril 1210 (2).

Dans ce document, il « investit ses féaux Gaffus et Guido de » Locarno, et leurs parents de Locarno, en récompense de » leurs services, de tout droit féodal sur les châteaux, de toute » juridiction, des pâturages, des amendes à prélever sur tous » ceux qui manquent à l'appel du ban et de l'arrière-ban, des » moulins, des péages, des régales, de la juridiction sur les » hommes libres (conditus arimanüs) de la prévôté sur les » églises et, en général, de tous les droits féodaux qui relèvent » de l'Empire, et qui auraient été enlevés à eux ou à leurs » parents, les autorisant de les reprendre où que ce soit, et » particulièrement dans la paroisse de Locarno et dans la com- » mune de Scona. »

Après la mort d'Othon IV, en 1218, Frédéric II fut reconnu partout comme empereur. Deux membres de la famille, Guido et Jacques de Locarno, allèrent au nom de la famille, au mois d'août de l'année suivante, en Allemagne, pour obtenir la reconnaissance de ses droits. Ils rencontrèrent Frédéric II à Haguenau, où il était du 17-19 août (RAUMER, *Hist. des Hohenstauffen.*) Frédéric II confirma à la famille, non seulement ses fiefs de Locarno et de Scona, mais il l'investit en outre des paroisses de Tavernula, Gordula et Menusio, l'autorisant à « reprendre tous les droits féodaux qui lui auraient été enle- » vés par privilège ou rescrit quelconque d'Othon, défendant à » chacun, haut ou bas placé, ecclésiastique ou laïque d'y por- » ter atteinte, contre une amende de 50 livres d'or » (3).

Une trentaine d'années plus tard surgit un homme mar-

---

(1) Frédéric Ier vint au mois de janvier 1186 à Vérone, maria son fils Henri avec la princesse Constance de Sicile et était le 22 juin à Varese, et le 6 juillet à Biasca, retournant en Allemagne RAUMER, *Hist. des Hohenstauffen).*

(2) Reg. 3 Zürich, n° 7.

(3) Reg. 4 Zürich, n° 8.

quant, Simone Locarnus ou de Locarno, que P. Jovius, Ballerini et Jean de Muller, II, p. 65, appellent, par erreur, Simone *Muralto* de Locarno, puisque dans le rescrit de l'archevêque Othon Visconti, du 21 juillet 1278, celui-ci le désigne comme « Simone *de Orello* de Locarno, communis et populis medio- » lani capitanis generalis. »

Frédéric II avait été excommunié au concile de Lyon, en 1245, par le pape Innocent IV. A cette nouvelle, Come, qui avait été jusqu'alors fidèle à l'Empereur dans les démêlés entre le Pape et l'Empereur, l'abandonna et fit la paix, le 20 juillet, avec Milan qui tenait le parti du pape (1). Beaucoup de Gibelins de l'évêché de Come se rendirent alors à Milan et peut-être Simone parmi eux. Il est mentionné pour la première fois le 4 novembre 1246 comme commandant les troupes milanaises de la Porta Orientale et de la Porta Cumana qu'il mène contre Enzio, roi de Sardaigne, fils illégitime de Frédéric II, qui s'approchait de Milan, du côté oriental, tandis que Frédéric se montrait du côté occidental. Simone rencontra Enzio à Gorgonzola. Dans ce combat Enzio est fait prisonnier et n'est relâché que sur de grandes concessions de la part de Frédéric. L'année 1247 se passa sans rien de marquant, mais en 1248, le 18 février, Frédéric fut battu sérieusement à Vittoria par les Parmesans. Fiers de cette victoire, les Guelfes, sous la conduite des Torriani, chassèrent les Gibelins de Milan, ainsi que plus tard de Côme et de Locarno. Simon paraît avoir été compris dans le nombre des exilés car, en 1257, il est à Reichenau, dans les Grisons, où il appose sa signature » Symon de Lugarno » comme un des témoins de la cession du cloître de Pfäffers, faite par Albert de Saxe à l'abbé Rodolphe. (2)

Au mois d'août de l'année suivante, il y eut un arrangement qui permit aux Gibelins de rentrer en Italie, mais la paix fut de courte durée, car en 1259 la discorde éclata de nouveau.

Cette même année apparaît pour la première fois le nom de *Muralto*, comme désignation particulière d'une branche de la famille de Locarno; c'est dans une investiture de l'évêque de Come pour le seigneur (Dominus) Jacques de Muralto. Le titre de *Dominus* revenait alors aux *Nobilis* qui avaient été faits chevalier, et *Nobilis, Nobilis vir* (3) était au XIIIe et

---

(1) B. Jovius, p. 39.
(2) Rég. de Pfäffers, n° 85.
(3) Zeerleder Urkunden der Stadt Bern Vorwort, XII (Bibliothèque

xive siècle ce qu'on appelait en Allemagne « Vryer, fryer » et plus tard « Freiherr », barone, barones.

A partir de ce moment, les membres de la famille de Muralto sont toujours appelés ou *Dominus* ou *Nobilis*; c'est l'une des raisons sur laquelle la famille d'aujourd'hui base son droit de porter le titre *de Baron immédiat de l'Empire* reichsunmittelbarer « Freiherr. » L'autre raison est celle que nous avons déjà indiquée : *l'investiture de la famille de fiefs immédiats par Frédéric I en 1186*. La troisième condition enfin que l'on puisse demander à toutes les familles qui prétendent avoir été *Baron* avant l'institution des diplômes (qui ne date que du xvie siècle sous Maximilien I) est celle *de la filiation*. Cette dernière condition, nous la remplissons par la table généalogique qui suit à la fin de cette narration (1), et qui prouve que *la famille de Muralt d'aujourd'hui descend directement des Nobiles de Muralto, Capitanei de Locarno*.

L'investiture épiscopale ci-dessus mentionnée est datée du 6 novembre 1259 de l'évêque Léon de Advocatis. Il investit « le seigneur (Dominus) Jacques de Muralto et ses frères » Pierre, Albert et Florius, fils du Ser Bonus de Muralto, des » biens épiscopaux à Muralto (2). »

En 1260, Simon de Locarno est l'allié du comte Pierre de Savoie dans la guerre contre l'évêque de Sion qui se termina le 21 juillet par la cession du Bas-Valais jusqu'à la Morgia au comte Pierre. Simon est mentionné dans l'acte de cession, daté du 5 septembre 1260, signé par le comte « pour lui et » pour ses alliés, ses amis et ses vassaux, nominativement » pour les barons (nobilis viribus) seigneur (Dominus) Hartmann » le jeune, comte de Kybourg, seigneur (Dominus) Rodolphe, » comte de Greyerz, le seigneur (Dominus) Pierre, son fils, • pour le seigneur (Dominus) Simon de Lucarno, le seigneur » (Dominus) Manfredo, pour Aymon, seigneur (Dominus) » Montagniace, pour Henri et Rodolphe seigneurs (Dominis) » de Stretilinga, etc., etc. (3) »

---

de la ville). Lettre de M. Georges de Wyss; notice de M. de Watteville de Diessbach et de M. Maurice de Sturler (Berne, Petites arch. 40.)
(1) Petites archives, 41.
(2) Reg. 5. Imbrev. archives épiscopales à Côme, t. IV, p. 190, b.
(3) Wurstemberger : Pierre de Savoie, I, p. 513.
Zeerleder Urk, I, p. 533.
v. Wattenwyl, stadt und Landschaft Bern, p. 82.

Dans cet acte, Simon prend place de suite après les comtes et précède les barons de Montenach et de Strættlingen. Les questions de préséance étaient à cette époque une chose de grande importance ; ce document indique donc avec précision le rang qui revenait alors à la famille de Locarno.

Le 22 juillet 1262, le pape nomma Othon Visconti archevêque de Milan, ce qui releva le courage des Gibellins. A cette époque, Simon de Locarno, rentra en Lombardie, car en 1263 il s'oppose avec les Rusconi à la nomination de Filippo della Torre, porté par les Vitani, chef des Guelphes à Come, comme Capitan de Come (1). Simon et les Rusconi appellent à leur aide Corrado Venosta, le Podestà de la Valtelline qui entre à Come. A cette nouvelle Filippo della Torre accourt, et, accueilli par les Vitani, il reste maître de la place. Les Rusconi s'enfuient au château de Fablo, dans la Valtelline, poursuivis par les Guelphes, tandis que Simon accompagné de son frère Guido et de son parent Romerio se dirige sur Lugano. Ils sont pris par les Guelphes, au passage de la Tresa, emmenés au château de Pessano et enfermés dans une cage de bois. Ils parviennent à s'enfuir, mais ils sont repris, Romerio est décapité ; Simon et Guido sont amenés à Milan et enfermés sous l'escalier du Broletto dans une cage de fer. Guido y mourut ; Simon y languit pendant 12 ans.

Tous les membres de la famille de Muralto n'étaient, à ce qu'il paraît, pas aussi opposés aux Torriens que Simon, puisque, sous date du 19 novembre 1264 « les frères Petrucius
» Gaffus, Luterius et Ubertus de Muralto, fils de feu seigneur
» (Dominus) Jacques de Muralto reconnaissent avoir été investis
» par Raimond de Lature, évêque de Come (neveu de Philippe
» della Torre) de tous les châteaux, de toutes les maisons, et
» de tous les domaines dans le territoire de Mazano, appelé
» près de Muraltus, de plusieurs maisons dans le hameau de
» Vico de Locarno, de leurs dîmes dans le territoire de
» Vico de Locarno, et de celles de Lossonne, Scona, Arzuno,
» Gulino, Pedemonte, de toute la vallée de Vallemadia,
» autour de Menusio, de toute la vallée de Verzascha, autour
» de Gordula, Bodio, Colonia, Rinayra (?) (Rivapicna ?) Gudio,
» Moyro, Sementina ; autour de Gatino, Quartino, Magadino et
» Gambarognio ; des droits de chasse et de pêche, des droits

---

(1) Rovelli, *Storia di Como*, II, p 941.

» de prévôté sur les églises, et de tous les droits honoraires
» dans la paroisse de Locarno, de tous les droits féodaux
» qu'ils possèdent dans la Valtelline, dans les eaux de Come,
» dans la Comascha et de Mendrixio ; de toutes les terres
» dans la paroisse de Locarno, en général de tous les droits
» féodaux qu'ils possèdent dans le district et l'évêché de
» Come (1). »

C'est de ce Jacques de Muralto, par son fils Ubertus, que descendent les Muralt de Berne, comme le prouve la généalogie qui est insérée à la fin de cette histoire.

En 1276 les habitants de Come s'élèvent contre le cruel Accursio Cottica, envoyé comme préfet par Napoleone della Torre, devenu le chef des Guelphes après la mort de Filippo della Torre en 1265. Come emprisonne Accursio Cottica et ne le relâche que le 24 janvier contre la libération de Simone de Locarno (2).

Simon une fois libre ne pense plus qu'à se venger. Il s'attache à Othon Visconti, archevêque de Milan, qui venait de se mettre ouvertement à la tête du parti gibellin à la suite de l'exécution capitale des gibellins qui avaient été faits prisonniers à Arona par Napoleone della Torre, et parmi lesquels se trouvait un neveu de l'archevêque. A Novare il y eut une affaire qui dura deux jours de suite. La première journée fut heureuse pour Othon Visconti, mais le second jour il fut complètement battu, et son armée dispersée. Othon avec l'aide de Simon réunit de nouvelles troupes à Canobbio au lac Majeur; Simon détruit une flotte guelphe à Germignana, puis il va assiéger Arona par eau, tandis que le marquis de Montferrat le cerne par terre. Ici ce furent les Guelphes qui battirent la flotte de Simon ; sur quoi le marquis de Montferrat se retira lâchement. L'archevêque s'enfuit à Novare et Simon à Come. Là Simon parvient à gagner les habitants de Come à la cause d'Othon Visconti qui y fit son entrée le 27 novembre 1276. Othon nomma maintenant le comte Rizardo de Lomello général en chef. Celui-ci prend Lecco et Civitate en janvier 1277 et se dirige sur Milan. Cassone della Torre, fils de Napoleone, vint à sa rencontre jusqu'à Cantù, tandis que Napoleone s'arrête à Desio. Othon l'y surprend et le bat complètement. Francesco della Torre, frère de Napoleone, et plusieurs membres

---

(1) Reg. 6. Berne, parch. 38.
(2) Ann. Med. Fiamma, p. 300-306. Annales parmesanes.

de sa famille y furent tués ; Napoleone lui-même ne dut sa vie qu'à l'intervention personnelle d'Othon ; mais il fut fait prisonnier et enfermé dans une cage de fer au château de Baradello, ainsi que son frère Carnevorio, son fils Mosca, son neveu Guido et ses cousins Arecco et Lombardo della Torre. A la suite de cette victoire l'archevêque Othon fit, le 22 janvier 1277, son entrée triomphale à Milan, et le peuple l'acclama comme signore de la ville. Il nomma le comte de Lomello podestà et Simon capitaine du peuple. Dans cette qualité Simon prit cette même année Bergame et Crémone en soutenant les Gibellins bannis de la ville de Lodi. (1)

Après la défaite de Napoleone à Desio, (2) Cassone della Torre s'était transporté en Allemagne pour recruter de nouvelles forces, avec lesquelles il reprit Lodi, au mois de mai 1278, et presque toutes les places fortes du Milanais, ce qui força l'archevêque à s'adresser de nouveau au marquis de Montferrat, lui offrant la signoria de Milan pour cinq ans, s'il voulait prendre fait et cause pour lui contre les Guelphes. Le marquis accepta, et à partir de ce moment plusieurs années s'écoulèrent en combats continuels entre les Guelphes et les Gibellins représentés dans le Milanais par les Torriens et les Viscontis et à Come en particulier par les Vitanis et les Rusconis. A la tête des Vitanis était l'évêque Giovanni della Torre, tandis que Lotterio Rusconi et Simone de Locarno étaient les chefs des Rusconis. Ces derniers restèrent enfin vainqueurs et au mois de mai 1282 ils bannirent l'évêque, incendièrent son palais et nommèrent le marquis de Monferrat capitaine de Come. Peu de temps après le marquis et l'archevêque Othon s'étaient désunis, Othon se fit renommer signore de Milan à la place du marquis. Sur ce, le marquis s'allie d'abord secrètement puis ouvertement aux Torriens et Luterio Rusconi à Come prend le parti du marquis tandis que Simon reste fidèle à l'archevêque.(3) On en revint aux mains et Simon dut quitter Come. Mais renforcé par 150 cavaliers milanais il se jette sur Locarno qu'il enlève aux Rusconis, puis prend Bellinzone, Lugano et les territoires d'alentour ; enfin il marche sur Cantù, pour y tenir tête aux Rusconis. Ceux-ci s'étaient unis à Guiffredo della Torre et avaient pris le château de Seprio. Ils y sont cernés

---

(1) Annales de Piacenza.
(2) Léo III, 226, Geschichte von Italien.
(3) Cantù, I, 236.

par Matteo Visconti, le neveu de l'archevêque, et par Simoni, mais ils parviennent à se faire jour et même à reprendre Lugano et Bellinzone. Ce ne fut qu'au mois d'avril 1286 que cessèrent les hostilités entre le marquis de Montferrat et l'archevêque de Milan.

Il paraît que Simon mourut en cette même année, d'après l'inscription d'une statue équestre à Come érigée en son honneur à la droite de l'entrée de l'église de Saint-Abondio, monument que P. Jovius dit avoir encore vu à la fin du xvie siècle.

En reprenant le fil de l'histoire générale de la famille, le premier document à produire est une sentence prononcée par le juge et vice-consul Amico della Fontana, datée de Come le 14 décembre 1288, en faveur de Zonfredo et Taddeo Orelli, fils de Taddeo et d'Ardizo, fils d'Inblanadus de Muralto, fils du même Bonus qui paraît déjà en 1259, ainsi qu'en faveur de Henrigolus, fils de feu Alpinus de Muralto, par rapport aux dîmes de Menusio. (1)

Le 19 août 1296, l'évêque de Come, Léon de Lambertenghi investit Guido, Jorius, Jacob de Orello et Auriginus della Rocca de l'héritage de Guillaume de Muralt, soit : « Les terrains de
» Vicate, la moitié della Rocca de Locarno, de la part épisco-
» pale du château et des dîmes dans la Valteline à Aqua Cu-
» mascha et à Mendrizio, dont deux de ses prédécesseurs avaient
» investi la famille de Muralto. » (2)

En 1297, il est fait mention d'un Tommaso de Muralto, comme archi-prêtre de Saint-Vittore. (3)

Le 24 juin 1299, le seigneur Lutherius de Muralto, fils du feu seigneur Ubertus, transfère le droit de pêche aux seigneurs Franciscus et Ardricus, fils du feu seigneur Alpinus. (4)

Le 19 février 1307, les barons (Nobiles) et Capitanées de Orello, Muralto, Magoria, et Rastellis de Locarno donnent en ferme les prés de Magadino au seigneur Antonellus Magoria. *C'est le premier document où la famille porte le titre de Capitanée de Locarno.* (5)

Après un intervalle de 60 ans, Henri VII fut le premier roi

---

(1) Reg. 7, Zürich, n° 14.
(2) Reg. 8, Zürich, n° 11.
(3) De Mülinen Helvetia sacra.
(4) Reg. 9, Berne, parch. 39.
(5) Reg. 10, Berne, parch. 9.

d'Allemagne qui revint en Italie. (1) Il fit son entrée à Milan le 21 décembre 1310 et y fut couronné de la couronne de fer le 6 janvier 1311. Toute la Lombardie envoya des députations à cette solennité, Locarno y compris, car six jours après le 12 janvier, Henri VII investit Jacques de Orelli fils de Guifredus, au nom de trois autres Orelli, huit Magoria, trois de Nyoscha, d'un della Rocca et de six Rastellis de Locarno, «de la moitié des » fiefs à Locarno qui étaient mentionnés dans l'acte d'inves- » titure de son prédécesseur Frédéric II. »

Mais voilà que le 2 février suivant, il donne les mêmes fiefs à l'évêque Léon de Come. La famille protesta contre cette donation illégale, et Henri VII reconnaît la validité de cette protestation puisque quatorze jours après, le 16 février 1311, il « confirma définitivement « au baron *(nobilis vir)* Jacques de » Orello fils de Guifredus, et au baron Petraccius de Muralto, » nommé Pezolus, fils du feu seigneur Lutherius, tant pour » eux que pour leurs parents *(agnatos)*, » le privilège de Frédéric II de l'année 1219 qu'il cite textuellement. (2)

Le 9 août 1312, plusieurs Orelli et le baron « *(nobilis vir)* » Jean de Muralto, fils de Pétraccius nommé Pezolus, ainsi » que le baron *(nobilis vir)* Ubertus de Muralto, fils de Boya, » tous Capitanées de Locarno, » font vidimer cette investiture par six notaires pour répondre peut-être à de nouvelles prétentions de l'évêque de Come. (3)

Ce document fut le dernier donné à la famille par un empereur d'Allemagne, car, à partir de ce moment, la puissance toujours croissante des Viscontis s'ingéra entre elle et l'empire. Après la prise de Bellinzone en 1340 par Lucchino Visconti, signore de Milan, celui-ci accuse les Capitanées de Locarno de troubler la sécurité du lac Majeur. Il assiège Locarno par terre et par eau, le prend, et par là même met fin à la position glorieuse de la famille comme *dynastes immédiats de l'empire*, position qu'elle avait conservée pendant une durée de 120 ans. Elle en fut dépouillée et devint sujette des maîtres de Milan.

Ce n'est que dix ans plus tard que Jean archevêque de Milan qui suivit Luchino au gouvernement de Milan, rendit à la famille les possessions qu'elle avait eues des empereurs. Ce do-

---

(1) Léo III, p. 249.
(2) Reg. 12, Zürich, 9ª.
(3) Reg. 13, Zürich, 19ᵇ.

cument du 19 septembre 1350 porte : « Qu'il rend aux barons
» *(nobiles viri)* et capitanées de Locarno en reconnaissance des
» bons services rendus aux Viscontis par leurs aïeux, tous
» les droits de péage, de pêche, de régale, etc., qu'ils avaient
» possédés à Locarno, Scona et Magadino, avant la domination
» de Lucchino. » (1)

Dès lors, ce sont les maîtres de Milan qui confirment aux
capitanées de Locarno tous les fiefs qu'ils avaient eus auparavant directement de l'Empire. De front avec ces confirmations
des seigneurs de Milan courent les investitures des évêques de
Come. C'est particulièrement par l'extrait de ces derniers documents qu'il fut possible d'établir la filiation de la famille
jusqu'au commencement du xiiie siècle. Les minutes de ces
documents ont été constatées en 1868 dans les archives épiscopales de Come, et leur contenu démontre que la famille qui
se partageait en trois branches appelées de Magoria, de Orelli
et de Muralto, formait réunie « l'Universitas nobilium de
Locarno », et possédait en commun des fiefs mentionnés pour
la première fois dans l'acte d'investiture épiscopale de 1259,
de façon qu'à la mort d'un membre de la famille, sa part
était partagée par parts égales entre ses fils ou ses plus proches
héritiers.

Le 15 janvier 1352, l'archevêque Jean confirme « aux barons
» *(nobiles viri)*, capitanées de Locarno, l'investiture de 1350,
» et ordonne à son employé Zaneto de Sala à Locarno, de
» leur payer, comme équivalent de leurs droits de péage pour
» l'année courante, la somme de 4,000 tertioles. » (Ceci
représentait à peu près la valeur de 15 à 20,000 francs.)

L'archevêque Jean Visconti mourut en 1354, et ses trois
neveux Matteo, Barnabbo et Galeazzo, divisèrent ses États.
Galeazzo prit ceux situés à l'occident de l'Adda, dans lesquels
était compris Locarno. C'est comme seigneur de Locarno qu'il
autorise, le 31 mars 1365, son vicaire Mattheo de Pescia, à
juger la querelle qui s'était élevée à Locarno pour la nomination des conseillers municipaux (2). Son jugement conservé aux
archives de Locarno, *Rub.* 104, lib. IV, nomme quinze membres
pour l'année 1366, parmi lesquels figurent dominus Ubertolus, fils
de Boya; Zanolus, fils de Gaffus, et Johannolus, fils de Jorius
de Muralto, qui doivent se renforcer de vingt-sept autres mem-

---

(1) Reg. 29, Zürich, 10, Berne, 133.
(2) Reg. 54. Zürich, 43.

bres, pour former le conseil qui se réunira tous les quinze jours, sous la présidence du vicaire lui-même. En cas de désaccord, il autorise les Orelli et leurs amis à convoquer quinze personnes de leur parenté, et les Muralto douze autres.

Galeazzo mourut en 1378, et son fils, Jean Galleazzo lui succéda. Le 24 décembre 1388, il confirma à Simon de Orello, à Donato de Magoria et à Antonio de Muralto, au nom des barons *(nobiles viri)* de Locarno, tous les droits qu'ils avaient possédés auparavant (1).

Le 16 janvier 1391 il confirme un changement apporté au règlement du conseil municipal, qui lui est présenté par une députation à la tête de laquelle se trouvent « *nobiles et prudentes* » *viri domini* Johannes de Muralto, Simonellus de Orello, » Antoniolus *dictus* Barba de Orello, Euxebrius de Magoria, » *omnes ex dominis* capitaneis de Locarno. »

D'après ce nouveau règlement, le conseil ne devait plus se composer que de vingt-sept membres en tout, dont douze pour Locarno, trois pour Ascona, trois pour Vallemaggia, deux pour Losono, deux pour Menuxio, deux pour Gambarogna, un pour Valle Verzascha, un pour Centovalli, un pour Intragna et un pour Gordula. C'étaient les endroits qui avaient été auparavant les fiefs immédiats des capitanées, et qui formaient maintenant le vicariat de Locarno, appartenant à Jean Galeazzo Visconti, que l'empereur Wenceslas éleva en 1395 à la dignité de *duc* de Milan.

Jean Galeazzo mourut en 1402. Il laissa trois fils mineurs, circonstance dont profitèrent leurs puissants vassaux pour s'insurger.

Les capitanées de Locarno, au contraire, restèrent fidèles aux Viscontis et ont dû en pâtir, puisque le 26 juillet 1407, le duc Jean-Marie donne ordre à son capitanée du comté d'Angleria de réintégrer « les nobiles de capitanées de Orello » Muralto et Magoria, en souvenir de leur fidélité et de leur » attachement » (2).

En 1408, Franchino Rusca, qui s'était insurgé parvint à se rendre maître de Come et après en avoir chassé les Vitanis, restés fidèles aux Viscontis, et les employés ducaux, il se proclama seigneur de Come, Bellinzone, Cantù, Incino et Locarno. Franchino Rusca mourut en 1413, son fils Lothaire

---

(1) Reg. 71. En 1868 chez Fidèle Orelli, chancelier de l'Université.
(2) Reg. 79. Zürich, 24.

lui succéda et fut fait chevalier par l'empereur Sigismond, qui vint en Italie la même année. L'empereur l'éleva en en outre à la dignité de prince de l'Empire, le reconnut comme vicaire de Come et de Locarno, et négocia le renouvellement d'un armistice entre lui et le duc Filippo Maria, qui avait succédé à son frère assassiné en 1412. En 1416, Lotterio rompit cet armistice : mais il dut se soumettre à l'appproche du comte Carmagnolo à la tête des troupes ducales. Une nouvelle paix fut signée le 11 septembre, par laquelle Lotterio rendit au duc Filippo Maria, Come et Locarno, pour en être reconnu seigneur de Lugano, San Vitale, etc.

Le 12 juillet 1426, le duc Filippo Maria mit aussi une fin à la guerre qu'il soutenait contre les Suisses à cause du comté de Bellinzone, que ceux-ci avaient acheté du baron de Sax (1). Il leur concéda en outre franchise des péages pour leurs marchandises jusqu'aux portes de Milan, en exceptant toutefois celui qui était dû aux capitaines de Locarno.

En 1436, des dissentiments éclatèrent entre les capitanées et les bourgeois de Locarno à cause de ces péages dont ces derniers voulaient avoir une part. Paul de Muralto et François de Orello s'adressèrent au nom des capitanées et barons de Muralto, Orello, Magoria et Rastellis, au duc Filippo Maria qui confirma, le 14 mai, le rescrit de Galeazzo de 1365, stipula les péages en leur faveur et fixa à 1/12º leur part des impôts que devaient lui payer Locarno (2).

Le 15 septembre 1438, il reconnaît que l'édit de son père daté de Pavie, 20 février 1387, ne pouvait justifier les injustices dont se plaignent les Orello, Muralto et Magoria, de la part de trois des leurs, qui devaient régler les comptes (3). Le 13 avril 1439 et le 8 novembre 1441 il confirme à un Orello la podesterià de Brissagho (4).

En 1423, Franchino II avait succédé à son père Lotterio Rusca, et en 1447 mourut le duc Filippo Maria. Une république ambrosienne ne dura que trois ans ; elle fut remplacée en 1450 par Francesco Sforza qui se fit duc de Milan.

Franchino II reconnut Francesco Sforza et, en récompense,

---

(1) Cantù, I p. 305.
(2) Reg. 88. Zürich, nº 18. Berne, parch. 39.
(3) Reg. 91. Zürich, nº 16.
(4) Reg. 91. Zürich, nº 17.

le duc lui confirma toutes ses seigneuries auxquelles il ajouta le comté de Locarno.

Ce fut donc à ce nouveau maître que durent s'adresser maintenant les capitanées dans leurs demêlés avec la bourgeoisie de Locarno et la famille Albrici, contre lesquels Franchino les défendit par ses édits de 1453 et 1455 (1), comme le firent aussi ses successeurs Pierre Rusca en 1475 et 1477 (2), Franchino III en 1483 qui leur concéda en outre la franchise des péages sur le Tessin, et Jean Rusca en 1499 (3).

Lorsqu'en 1475 le duc Galeazzo Maria Sforza fit faire une enquête sur les divers privilèges de ses sujets, les Orello, Magoria, Rastelli et Muralto crurent devoir en tenir compte, et Jean d'Orello et Baptiste de Muralto se présentèrent en leur nom à Milan. Le 21 juillet 1475, Pierre Crivellus, commissaire ducal pour la revision des privilèges, leur délivra une reconnaissance, comme quoi les leurs étaient enregistrés à Milan, notamment trois privilèges impériaux, un archiépiscopal, celui du vicaire impérial Galeazzo, du 30 mai 1365, celui du duc Jean, du 27 juin 1407 et celui du duc Filippo Maria, du 14 mai 1436 (4).

Jean Rusca mourut en 1508 et laissa le comté de Locarno à son fils Eleuterio, mais sous la primauté de Louis XII, roi de France, qui avait conquis le duché de Milan en 1499. Ce dernier confirma en 1510 et 1511 aux « Nobiles de Orello, Magoria et Muralto » tous leurs anciens revenus.

Cette même année, le pape Jules II conclut « la Sainte-Ligue » avec l'Espagne et l'Angleterre contre Louis XII à laquelle adhérèrent aussi les Suisses et l'empereur Maximilien. A la suite de ce traité les Suisses passèrent les Alpes en 1512, conquirent tout le duché de Milan, à l'exception des châteaux forts de Locarno et de Lugano, et le rendirent à Maximilien, fils de Lodovico Moro, ancien duc de Milan, qui par reconnaissance leur céda Lugano, Domo d'Ossola et Locarno. Louis XII de son côté, pour détacher les Suisses de la Sainte-Ligue, leur fit remettre en 1513, de bon gré les châteaux de Locarno et de Lugano qu'ils n'avaient pu prendre faute d'artillerie. Néanmoins, les Suisses traitèrent une nouvelle alliance avec

---

(1) Zürich, n° 19, n° 20.
(2) Zürich, n° 21, n° 23.
(3) Reg. 172. Berne, 44.
(4) Reg. 135. Zürich, 24.

le duc Maximilien et par la bataille de Novare, le 6 juin 1513, ils décidèrent définitivement l'abandon du Milanais par les Français.

Il existe un très intéressant récit de cette époque, écrit en latin par un contemporain, Francesco de Muralto J. U. D., patricien de Come, des années 1489-1520, sous le titre, *Annalia* (1).

A partir de ce moment les « Nobiles de Locarno » s'adressèrent aux Suisses pour obtenir la confirmation de leurs privilèges et de leurs revenus, ce qui leur fut accordé à diverses reprises, la première fois le 24 avril 1514 (2). Ces prérogatives consistaient alors dans le droit d'élire les inspecteurs des marchés, de nommer six membres du conseil municipal de Locarno, se composant de douze membres, celui de porter une certaine bannière aux processions, celui de prélever un péage pour le passage du Tessin, enfin les droits de chasse, de pêche et de pâturage, tout ceci pour les Orelli, Muralto et Magoria seuls, à l'exclusion expresse des Albricis et de la bourgeoisie de Locarno, qui à diverses reprises voulaient en revendiquer une part. Les droits de pêche et de pâturage appartiennent aujourd'hui encore à « l'Universitas Nobilium de Locarno », et le revenu en est annuellement distribué à tous les membres des trois familles qui résident à Locarno depuis plus de six mois (3).

En 1532 un certain Bruccioli publia à Venise la première bible en italien et dès 1534 les germes de la réformation se montrèrent à Locarno. Jean Beccaria, un jeune prêtre, né en 1511 à Milan, qui avait une école à Locarno en 1534, fut le premier qui se déclara pour la réformation. Sur cette voie plusieurs autres personnes le suivirent, parmi lesquelles apparaît Martino de Muralto fils de Jean de Muralto (4).

Les adhérents à la nouvelle doctrine se multiplièrent peu à peu à Locarno, et surtout lorsqu'à partir de 1541 Come les eut chassés de ses murs. En 1549 il y en avait déjà tant que le baillif Wirz d'Unterwalden se crut en devoir d'en faire part aux sept cantons catholiques, qui envoyèrent à Locarno un dominicain de Lugano, de grande réputation, un certain

---

(1) Berne, Petites Archives, 6.
(2) Archives des États de Zurich et de Berne. Reg. 217, Berne, parch. 65, Petites Archives, 41.
(3) Berne, Petites Archives, 39.
(4) Reg. 255, Berne 167.

Lorenzio, pour les ramener à l'ancienne croyance. Ses prédications n'eurent aucun succès ; il afficha alors une conférence publique pour le 5 août. Les réformateurs, qui se nommaient déjà « *Christiana Locarnensis ecclesia* » acceptèrent et de leur part il y vint Beccaria, Martino de Muralto, désigné maintenant comme docteur en droit, Taddeo Duno, docteur en médecine, Louis Ronco et Andrée et Gerolamo Camuzzi ; le parti catholique fut représenté par le dominicain Lorenzio, avec l'archiprêtre Galeazzo Muralto et plusieurs autres (1). Les points discutés furent la suprématie de Saint-Pierre, le pouvoir épiscopal, la justification par les bonnes œuvres, le purgatoire et la confession. La discussion fut longue et chaude ; le baillif Wirz la termina abruptement en s'emparant de Beccaria, le chef de l'opposition. Mais il dut le relâcher immédiatement à la suite d'une émeute qui se forma à la porte du château. Beccaria ne se vit plus en sûreté à Locarno et s'enfuit à Chiavenna. Ceci n'empêcha pas la nouvelle communauté de tenir ferme à sa croyance, malgré les persécutions continuelles de l'ancien parti, parmi lequel se distinguèrent l'archiprêtre Galeazzo Muralto et le secrétaire du baillif, appelé Roll.

Pendant six ans les évangéliques endurèrent toute espèce de tribulations, racontées en détail dans Meyer, *Evangelische Gemeinde zu Locarno ;* la fin fut leur bannissement du territoire de Locarno. Le 1er janvier 1555 Roll publia l'expulsion et le 16 janvier, 199 personnes apparurent devant les envoyés des sept cantons catholiques, prêts à quitter leur patrie pour leur foi. Le 3 mars ils partirent pour Roveredo (Rogoreto) dans la vallée de Misoc où ils restèrent jusqu'à ce que la meilleure saison leur permit de continuer leur pérégrination. Le Dr Martino de Muralto n'avait pas pu partir avec eux, comme nous l'apprend une lettre italienne écrite de sa main, gardée en original dans la famille et dont voici le contenu : (2)

« Au très pieux et savant Dr Thadeo Duno, et aux autres » frères dans le Seigneur, qui sont à Rogoreto.

» Honorés frères dans le Seigneur !

» Vous connaissez, je pense, la cause de mon retard de venir » vers vous, qui est mon état de santé, et la défense du seigneur

---

(1) Meyer, *Evangelische Gemeinde zu Locarno*.
(2) Berne, petites archives, N° 11.

» commissaire, à cause du procès que j'ai en mains à propos
» du Boschetto et de R. Antoine Valmagino ; mais dès que je
» pourrai, sachez que je ne perdrai aucun moment de satisfaire
» à votre et à mon désir. Ne doutez donc pas à cause de mon
» retard, comme si je voulais délaisser (avec l'aide du Seigneur)
» ce pieux et saint dessein que m'a donné le Seigneur, mais je
» vous promets que vous me verrez triompher le plus vite pos-
» sible de l'Antechrist et de ses membres, que je vous aménerai
» tous, comme des esclaves enchaînés, et que vous n'entendrez
» jamais, que je fasse ni paix ni trêve avec telle canaille, dans
» l'assurance que j'ai en celui qui me fortifie. Restez donc joyeux
» en attendant, continuez (comme je pense que vous le faites)
» la lecture des choses du Seigneur, et soyez assidus et fervents
» dans vos prières, priant notre Père et Seigneur commun qu'il
» vous rende dignes, par votre exemple, de conjurer ses élus
» de l'affirmer sans crainte, et de lui donner entièrement la
» louange et la gloire qui lui sont dus en Jésus-Christ, notre
» Seigneur. Moi et ma femme vous saluent tous, et ayez la
» bonté de prier le Seigneur pour nous.
» Locarno, le 15 mars 1555.

» Votre frère dans le Seigneur
» Martino Muralto. »

Martino Muralto les suivit de près, car dès le 30 mars il se présenta devant le conseil de Zürich avec le Dr Taddeo Duno, deux délégués de la noblesse, deux commerçants et deux artisans pour obtenir que tous les émigrants fussent recueillis à Zürich. Le 12 mai les Locarnais y arrivèrent après n'avoir mis presque miraculeusement que sept jours pour passer le Bernardin ; ils furent parfaitement accueillis.

Comme ils ne savaient pas l'allemand, le conseil leur permit de former une paroisse à part et de prendre un ministre italien, dans la personne de Bernardino Occhino, qui avait été général des capucins. Ils se constituèrent le 21 juin dans la maison de Martino Muralto et nommèrent comme anciens : Martino, Beccaria, Alberto Trevano et Lodovico Ronco, désignant Martino comme dépositaire des dons considérables, dont les cantons évangéliques les avaient comblés. Ils chargèrent aussi Martin et Lélio Sozzini d'aller chercher à Bâle leur nouveau ministre Occhino.

Les émigrés tâchèrent immédiatement de réparer les dommages matériels qui avaient été la suite inévitable de leur bannissement. Ils prièrent d'abord la diète d'abaisser diverses amendes qui avaient été prononcées à Locarno contre plusieurs d'entre eux, pour cause de religion, puis de leur faire ouvrir la voie sur Milan par le lac Majeur, pour le commerce de soie et de velours qu'ils apportaient à Zürich. — Martin avait aussi des démêlés avec sa belle-mère Magdalena Boldona, veuve de l'avocat Aloysio Orello, restée catholique. Celle-ci avait épousé, après le banissement des évangéliques, le riche marchand Benedetto Carabello à Gallarate; elle demandait maintenant que sa fille Lucia, femme de Muralto, lui rendît la fortune qu'elle avait apportée à son premier mari, père de Lucia. Martino s'y opposait, faisant valoir ses droits à cette fortune. Pour tout cela, Martino Muralto se présenta au mois d'août 1556 avec Giovanni Muralto à la diète à Bade. Celle-ci le renvoya à Lugano devant les baillifs où il se rendit en juin. Le différend avec sa belle-mère y fut jugé en sa faveur et il y obtint aussi la modération des amendes.

Martin fut, jusqu'en 1558, associé à un certain Pariso Appiano qui avait un commerce de velours, puis il vécut de ses rentes dans une maison appelée: *zum Mohrenkopf*, qu'il avait achetée cette même année, avec Lucia, sa femme, son fils Jean Aloys âgé de douze ans et ses cinq filles.

En 1563, le gouvernement de Zürich destitua Occhino et le bannit pour cause de doctrines erronées. Martin Muralto et Taddeo Duno se présentèrent au nom de leur paroisse, pour demander un nouveau ministre italien; mais le conseil refusa, trouvant que maintenant ils devaient pouvoir suivre le service allemand ou latin.

La santé de Martino Muralto, qui l'avait déjà empêché de quitter Locarno en même temps que ses compagnons d'infortune, le força à chercher en 1566 un climat plus chaud. Malheureusement nous ne savons pas où il alla. Le 1er janvier 1567, Taddeo Duno apprit à la communauté la mort du Dr Martino Muralto là où il avait été chercher la santé, sans désigner l'endroit. Sa veuve lui survécut avec son fils Jean Aloys et sept filles. Nous avons son portrait, une eau forte que M. Keller de Schaffhouse, une autorité en gravures, affirme être du XVIe siècle.

Jean Aloys, son fils alors âgé de vingt ans, étudiait la chirurgie à Berne; là il se prit d'un vif amour pour Marie de Mülinen, petite fille de l'avoyer Nägeli. Marie de Mülinen partageait ses sentiments et cette passion devint bientôt le bruit de la ville. Jean de Haller, auquel Jean Aloys de Muralt avait été recommandé par Bullinger, l'ancien ami de son père, fit son possible pour le dissuader de vues aussi ambitieuses et Louis de Mülinen envoya sa fille chez son oncle Antoine de Tillier, baillif à Gex. Jean Aloys tâcha d'oublier son amour, mais en vain, car dès le mois d'avril de la même année il était à Zürich pour supplier sa mère de demander la main de Marie. Bullinger qui s'intéressait vivement à lui, put persuader le bourgmaître de Cham d'écrire en sa faveur à Mülinen; mais celui-ci ne daigna même pas faire de réponse. Les sentiments de Marie cependant restèrent inébranlables, et au mois de septembre ses parents mirent la main sur une lettre par laquelle ils apprirent qu'elle s'était fiancée à son adorateur. Ils la rappelèrent à Berne et l'interrogèrent, elle répondit : « qu'elle l'avait pris, et qu'elle voulait le garder ». Force fut aux parents de céder et le mariage se fit à Könitz, le 29 septembre 1567. Mais son père refusa de lui donner une dot et fit défendre à Jean Aloys le séjour de Berne; le jeune couple se retira à Zürich.

L'année suivante, l'avoyer Nägeli, âgé de 68 ans, se démît de ses fonctions, et son gendre Louis de Mulinen fut élu à sa place. Bullinger profita de cet heureux évènement pour tâcher de fléchir les parents de Marie de Muralt qui venaient de marier une autre fille au riche Jean Rodolphe d'Erlach de Spiez. Le père hésitait, mais la mère était inexorable; ce ne fut que deux ans après qu'elle céda, et au mois de novembre 1569 Jean Aloys de Muralt revint à Berne. Il fut reçu dans la bourgeoisie le 30 mars de l'année suivante (1).

Jean Aloys eut un fils en 1573, nommé Jean-Louis dont est issue la famille de Berne. La veuve de Martino Muralto, sa mère, resta à Zurich où elle paraît, en 1576, sur la liste des Locarnais, encore avec trois filles. Les autres s'étaient mariées. Isabelle avait épousé, en 1564, Cornelius Thoma ; Flaminia, en 1567, Léon Curio à Bâle; Magdeleine, Jean-Antoine Pestaluz, et Virginia, Melchior d'Orello.

(1) Protocole du conseil de bourgeoisie.

FILIATION DE LA FAMILLE DE MURALT DE BERNE

(Berne, Petites Archives, 41.)

DOMINUS JACOBUS DE MURALTO DE LOCARNO.

Investiture de l'empereur Frédéric II, Hagenau, en août 1219 *(Reg. 4)* et celle de Raymond, évêque de Côme, du 19 nov. 1264 par rapport au titre. *(Reg 6.)*

|

NOBILIS VIR UBERTUS DE MURALTO, CAPITANEUS DE LOCARNO.

Investiture de Raymond, évêque de Côme, du 19 nov. 1264 *(Reg. 6)* et celle du 19 février 1307 par rapport aux titres. *(Reg. 10.)*

|

GAFFUS.

Investiture de Léon, évêque de Côme, du 7 août 1322. *(Reg. 17.)*

|

MAFFIOLUS.

Investiture du 1er janvier 1348. *(Reg. 22.)*

|

POROLUS.

Assemblée de famille des « domini nobiles capitanei de Locarno » 27 décembre 1369. *(Reg. 60.)*

|

MAFFIOLUS.

Plein pouvoir des « domini nobiles capitanei de Locarno » 1er mar 1397. *(Reg. 77.)*

|

PETRUS.

Investiture de Branda, évêque de Côme, du 25 juin 1468. *(Reg. 125.)*

|

PAULUS.

Assemblée de famille des « domini nobiles capitanei de Locarno » du 7 février 1493. *(Reg. 158.)*

|

JOHANNES.

Assemblée de famille des « domini nobiles capitanei de Locarno » du 1er janvier 1528. *(Reg. 249.)*

|

MARTINO.

Plein-pouvoir notarié, du 6 mai 1531. *(Reg. 255.)*

|

JEAN-ALOYS DE MURALT.

Témoignage du baillif Hessli, à Locarno, le 26 juin 1567 *(Petites Archives de Berne, 12.)* Bourgeois de Berne 30 mars 1570. (Protocole du conseil de la bourgeoisie de Berne.)

IMPRIMERIE CENTRALE DES CHEMINS DE FER. — A. CHAIX ET Cie, RUE BERGÈRE, 20, A PARIS. — 19618 9.

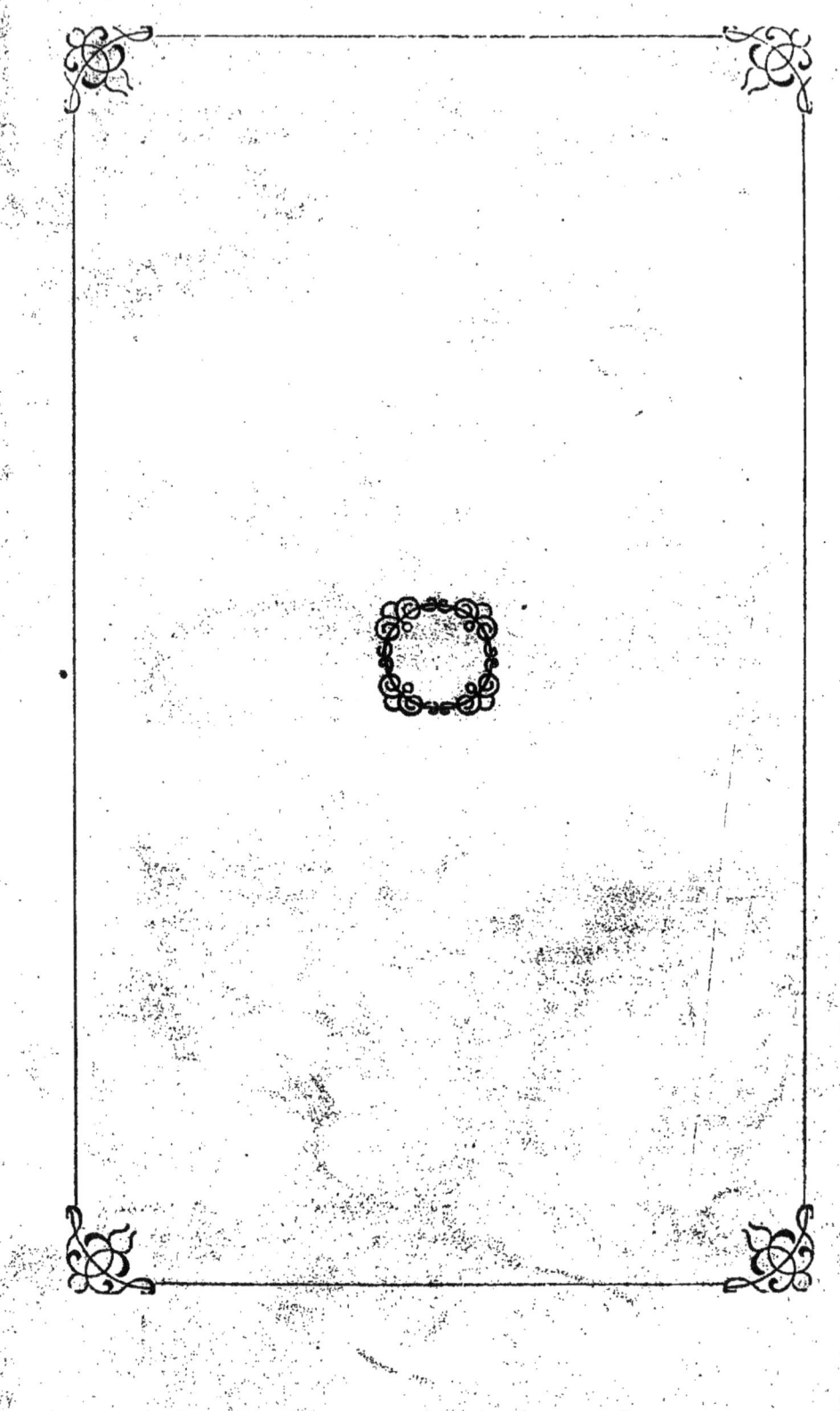

www.ingramcontent.com/pod-product-compliance
Lightning Source LLC
Chambersburg PA
CBHW060931050426
42453CB00010B/1950